AF313928

2 FEVR. 1869

d'alvarey

99^P

Vente des Mardi 2 et Mercredi 3 Février 1869.

COLLECTION DE MME T* A***

PORCELAINES

DE SAXE

DE PREMIER ORDRE

GROUPES, STATUETTES, VASES, ETC.

MEUBLES D'ART

EXPOSITIONS

PARTICULIÈRE, *le Dimanche 31 Janvier 1869;*
PUBLIQUE, *le Lundi 1er Février 1869.*
De une heure à cinq heures.

M• CHARLES PILLET	M. FEBVRE
COMMISSAIRE-PRISEUR	EXPERT

Exemplaire de Wetterham

CATALOGUE

DE

PORCELAINES DE SAXE

DE PREMIER ORDRE

GROUPES, STATUETTES, VASES, ETC.

MEUBLES D'ART

FORMANT LA

Collection de Mme T A****

VENTE AUX ENCHÈRES PUBLIQUES

HOTEL DROUOT, Salle N° 3

Les Mardi 2 et Mercredi 3 Février 1869

A DEUX HEURES PRÉCISES

EXPOSITIONS
PARTICULIÈRE : le Dimanche 31 Janvier 1869,
PUBLIQUE : le Lundi 1er Février 1869.

DE UNE HEURE A CINQ HEURES.

Me CHARLES PILLET	Me FEBVRE
COMMISSAIRE-PRISEUR.	EXPERT.

CONDITIONS DE LA VENTE

Elle sera faite au comptant.

Les adjudicataires payeront *cinq pour cent* en sus des enchères.

L'exposition mettant le public à même de se rendre compte de l'état des objets, il ne sera admis aucune réclamation une fois l'adjudication prononcée.

ORDRE DE LA VENTE

LE MARDI 2 FÉVRIER

Les Porcelaines de Saxe.

MERCREDI 3 FÉVRIER

Les Porcelaines montées et autres, Faïences, Meubles d'art et les Tapisseries.

Paris. — imp. de PILLET fils aîné, rue des Grands-Augustins, 5.

Un goût exquis et des plus délicats a présidé à la formation de la collection de madame T* A***, qui jouit, dans le monde de la curiosité, d'une notoriété incontestée.

Ce n'est qu'après plusieurs années de persévérantes recherches, à force d'argent — avons-nous besoin de le dire? — et aussi grâce à ces hasards heureux qui viennent presque toujours en aide aux véritables amateurs, que madame T* A*** a pu réunir quelques-uns des plus remarquables échantillons de porcelaine de Saxe rassemblés ici, et que le caprice des enchères va disperser de nouveau.

Avant que cette dispersion n'arrive, signalons, parmi toutes ces pièces exceptionnelles, celles qui nous ont paru être des chefs-d'œuvre en leur genre.

D'abord, la belle garniture de cheminée, composée d'une pendule et deux candélabres, décrite sous le n° 1 de notre catalogue. Cette pendule en bronze doré est ornée d'arbustes et de fleurs; un Amour repose, assis au sommet du cadran, et, au bas, un char allégorique emporte les Quatre Saisons. Les candélabres sont formés par des charmilles où les fleurs de Saxe s'entremêlent aux feuillages de bronze, et qui abritent deux statuettes, l'une de berger jouant du violon, l'autre de villageois dansant au bruit d'un tambour de basque.

Ensuite, une autre garniture de cheminée, celle décrite sous le n° 2, également en bronze doré et porcelaine de Saxe qui ne le cède en rien à la première, et offre même dans l'ensemble de sa composition plus d'originalité. Sur une terrasse, que soutiennent des colonnettes en Saxe, entourées de rinceaux et de feuillages, Junon apparaît, assise au milieu de quatre Amours. Telle est la pièce principale. Les deux autres, qui complètent la garniture, figurent des temples à colonnes remplis de statues, de groupes et de vases de fleurs. Tout en haut, des esclaves turcs cherchent à maintenir des chevaux qui se cabrent.

Citons encore, mais sans détail, plusieurs groupes allégoriques de la Paix, de la Guerre et de l'Amitié; d'autres, tels que le Char de l'Aurore, l'Asie, l'Afrique, la Toilette de l'Amour, le Triomphe de Galathée, le Concert champêtre, la Charité, etc.; puis, de grandes statuettes : Vénus debout, Minerve, l'Hiver, etc.; et aussi, tout ce monde bariolé et galant de bergères et de marquis, d'Amours et de bouquetières, de musiciens et de danseuses, de marchands, de villageois et de vendangeurs que chacun connaît, et qui s'en va gambadant, minaudant, dansant et chantant avec tant d'entrain et de gaieté aux sons du tambourin et des chalumeaux.

Cette Collection contient encore tout une série de meubles d'art anciens du xvie siècle et autres, sur lesquels nous appelons l'attention, notamment le magnifique meuble à hauteur d'appui, en ébène, orné de panneaux en ancien laque de Chine noir, avec paysages d'or, que nous avons catalogué sous le n° 123.

Enfin, pour terminer, quatre grandes et superbes tapisseries des Gobelins, représentant des sujets empruntés aux principaux épisodes de l'histoire de Télémaque, agréables compositions dont le charme n'a d'égal que l'état parfait de leur conservation.

A. FEBVRE.

DÉSIGNATION

GROUPES ET STATUETTES

en Porcelaine de Saxe.

1 — Très-belle Garniture de cheminée, composée d'une pendule en bronze doré, et de deux candélabres ornés de statuettes et de fleurs de Saxe.

La pendule est entourée d'arbustes en bronze doré et de fleurs ; sur le cadran est un Amour assis ; au bas du cadran, un char avec quatre figurines, allégories des Saisons.

Les candélabres, à deux lumières, sont avec charmilles en bronze, fleurs de Saxe et groupes ; sous les charmilles, deux statuettes, berger jouant du violon et villageoise dansant en jouant du tambour de basque.

2 — Très-magnifique Garniture de cheminée, composée
de trois grandes pièces monumentales, avec groupes,
statuettes et colonnettes en porcelaine de Saxe ; toutes
ces pièces montées en bronze doré. La principale offre
en haut, sur une terrasse, Junon assise, entourée de
quatre amours ; la terrasse est supportée par des colon-
nettes en Saxe, entourées de rinceaux et de feuillages à
jour ; au centre des colonnes sont cinq statuettes
d'amours.

Les deux pièces qui complètent la garniture offrent
également des temples avec colonnettes où figurent des
groupes, des statuettes d'amours, des vases de fleurs,
et sur les parties élevées, des Orientaux retenant des
chevaux qui se cabrent.

3 — Superbe Groupe du char de l'Aurore. Apollon, sur
son char, tient les rênes de ses quatre chevaux ; les
rênes et l'attelage en bronze doré.

4 — Groupe. Allégorie de la Guerre, groupe de deux
amours ; l'un, assis sur un casque, tire un sabre ; l'au-
tre retient le fourreau.

5 — Groupe. Allégorie de la Paix ; un amour debout
tient une branche d'olivier ; un autre est endormi, la
tête appuyée sur un tambour.

6 — Groupe. L'Amour médecin, coiffé d'une toque de professeur, assis sur un siége près duquel sont ses armes ; il unit deux amants. Le jeune homme, à genoux, embrasse la main de sa maîtresse ; derrière celle-ci est un autre amour qui cherche à la blesser avec une flèche.

7 — Charmant Groupe. Allégorie de l'Amitié. Deux amours s'embrassant.

8 — Grande Figurine de Minerve, assise sur un trône.

9 — Grande Statuette de l'Astronomie. Jeune femme debout, tenant une longue-vue ; à ses pieds est un aigle.

10 — Groupe d'Andromède suppliante, à genoux, sur un rocher, au bas duquel sont deux amours et deux colombes.

11 — Grande Statuette. Jeune marquis tenant une corbeille.

12 — Socle à double galerie en porcelaine de Hosth, supportant une pyramide en Saxe ; cette dernière entourée de huit petites statuettes d'amours de la collection des 120 ; Musiciens et Acteurs du n° 13 au 22.

13 — Autre Socle avec pyramide, entourée de huit autres statuettes d'amours, du n° 22 au n° 33.

14 — Grand Groupe figurant l'Afrique ; personnages assis sur un chameau.

15 — Grand Groupe figurant l'Asie ; personnage oriental monté sur un éléphant.

16 — Groupe. Jeune femme et enfant tenant des fleurs ; terrasse et arbustes avec fleurs et ornements rocaille.

17 — Grand Groupe. Jeune bergère tenant d'une main son tablier, de l'autre sa houlette ; près d'elle est un mouton.

18 — Grand Groupe. Jeune femme assise près d'un arbre ; elle chante et tient un cahier de musique : près d'elle est un enfant qui chante également.

19 — Statuette. Jeune jardinière, tenant d'une main un couteau, de l'autre une plante.

20 — Groupe. La Toilette de l'Amour, petite fille assise ; un petit marquis lui offre un bouquet ; son coiffeur la pare de fleurs ; support rocaille.

21 — Deux Panthères accroupies, faisant pendants.

22 — Grande et magnifique Statuette. Vénus debout.

23 — Fontaine offrant une futaille ornée de médaillons à personnages chinois ; elle est surmontée d'un petit Amour. Socle rocaille, à trépied, avec autre Amour assis.

24 — Groupe de trois figures : Jeux d'enfants.

25 — Très-beau Vase brûle-parfums, orné de fleurs en relief ; en bas, groupe, allégorie de la Charité : jeune femme assise et quatre enfants.

26 — Deux grandes et belles Coupes ornées de fleurs ; très-riches montures en bronze doré, avec fleurs détachées, lis et œillets.

27 — Grand Groupe. Le Concert champêtre. Jeune femme jouant de la mandoline, et jeune homme chantant, en tenant un cahier de musique.

28 — Grand Groupe. Bergère assise près d'un arbre ; un jeune homme lui offre un bouquet.

29 — Bergère près de ses moutons : un jeune homme lui embrasse la main.

30 — Statuette. Jeune homme jouant de la flûte et du tambourin.

31 — Petite Statuette. Danseuse. Pendant de la précédente.

32 — Charmant Groupe. La Toilette. Jeune dame posant un collier de perles sur la tête de sa petite fille ; terrasse rocaille en bronze doré.

33 — Groupe. Femme orientale assise ; près d'elle est une corbeille.

34 — Personnage hongrois à genoux ; près de lui est une corbeille. Pendant du précédent.

35 — Statuette. Petite Bouquetière.

36 — Statuette. Petit Berger jouant de la clarinette.

37 — GROUPE. La Poésie.

38 — STATUETTE. Flore debout.

39 — CHARMANT GROUPE. Le Concert champêtre. Un jeune homme chante près d'une jeune dame qui, assise sous un arbre, joue de la guitare.

40 — PERSONNAGE assis, tenant un vase à couvercle.

41 — GROUPE. Amours vendangeurs.

42 — STATUETTE. Jeune fille tenant une écrevisse.

43 — BOUQUET de fleurs et arbuste.

44 — VASE contenant des fleurs.

45 — STATUETTE allégorique de l'Hiver.

46 — GROUPE D'ENFANTS. Allégorie des Sens.

47 — .Groupe. Le Déjeuner du chat.

48 — Statuette. Petit marquis lisant.

49 — Statuette. Enfant dansant en jouant de la mando-
line.

50 — Deux Trophées d'armes.

51 — Deux Vases contenant des fleurs.

52 — Buste de jeune fille; socle rocaille.

53 — Très-belle Corbeille, soutenue par un groupe de
trois personnages. Allégorie de l'Été; terrasse er
bronze doré.

54 — Deux autres Corbeilles, soutenues par des groupes
d'enfants reposant sur des socles; terrasses en bronze
doré.

55 — Grande et belle Corbeille, ornée sur chaque face
et en relief de groupes de personnages chinois et de
pélicans, le tout reposant sur des socles ou des pilas-
tres; très-beau socle en bois sculpté et doré.

56 — GROUPE. Le Triomphe de Galathée.

57 — STATUETTE. Villageois sonnant de la trompe.

58 — PERROQUET perché sur un tronc d'arbre.

59 — MAGNIFIQUE GROUPE de Vénus et Adonis; socle en bois sculpté et doré.

60 — GROUPE de trois personnages en porcelaine d'Allemagne; scène pastorale. Socle en bois sculpté et doré.

61 — GROUPE. Bacchus enfant, avec un tigre; terrasse en bronze doré.

62 — STATUETTE. Petite musicienne.

63 — STATUETTE. Petite fille jouant de la cornemuse.

64 — STATUETTE. Petite fille jouant de la viole.

65 — STATUETTE. Petite fille chantant.

66 — STATUETTE. Petite fille jouant du galoubet.

67 — STATUETTE. Petite fille jouant du hautbois.

68 — PETITE STATUETTE. Villageois tenant un coq.

69 — GROUPE. Petite fille donnant à manger à des poules.

70 — STATUETTE. Enfant jouant du tambour de basque.

71 — Aigle, les ailes éployées.

72 — GROUPE. Bacchus et deux petits Faunes ; terrasse en
bronze doré.

73 — Petite colonne cannelée avec parties ornées de drape-
ries.

74 — STATUETTE. Amour monté sur un socle et tenant un
bouquet.

75 — STATUETTE. Jeune marchande de gâteaux.

76 — STATUETTE. Petite fille tenant des fleurs.

77 — STATUETTE. Petit jardinier tenant une corbeille de fleurs.

78 — STATUETTE. L'Amour marchand de lait.

79 — STATUETTE. Petite villageoise prenant du lait.

80 — STATUETTE. Bacchus debout, pressant des raisins.

81 — GROUPE. Galathée sur deux dauphins.

82 — STATUETTE. Berger tenant sa houlette.

(Louisbourg.)

83 — STATUTETE. Petite Danseuse tenant un tambour de basque.

84 — STATUETTE. Petit villageois jouant de la flûte et du tambourin.

85 — Statuette. Bouquetière.

(Louisbourg.)

86 — Jeune Femme jouant avec un chien.

87 — Groupe de trois figures. Jeux d'enfants.

88 — Autre Groupe. Même genre que le précédent.

89 — Petit Berger jouant de la cornemuse et faisant dan-
ser son chien.

90 — Jeune Femme assise sur un lion.

91 — Deux Vases, l'un entouré d'ornements rocaille, de
branchages et de fruits en relief; au centre un cartel
d'oiseaux; en bas, petite statuette allégorie de l'Été.
L'autre, même genre que le précédent, est entouré de
branches de cerises; en haut, une statuette d'enfant
tenant une gerbe de blé et une faucille.

92 — Déjeuner en porcelaine de Saxe composé de six
tasses et leurs soucoupes, une chocolatière, un pot au
lait, théière, sucrier et bol; beau décor à personnages
chinois.

93 — Douze belles Assiettes en Saxe, ornements gauffrés en blanc, décor à bouquets de fleurs entourés de cartels en or.

94 — Petit Panier à anses.

95 — Petite Coquille ornée de fleurs.

96 — Petite Tasse fond bleu et or, sujet genre Watteau.

97 — Petite Ménagère composée de quatre pots à couvercles et d'un plateau. Décor de fleurs.

98 — Vase contenant des fleurs.

99 — Deux Corbeilles à anses ornées de fleurs détachées.

100 — Deux Pigeons formant beurriers.

PIÈCES MONTÉES EN BRONZE

ornées de Figurines ou de Fleurs en Saxe.

205

101 — DEUX PETITS VASES en céladon craquelé contenant des bouquets de fleurs en Saxe; montures en bronze doré.

295

102 — ENCRIER en laque, monture ancienne en bronze doré, il est surmonté d'une charmille avec fleurs; sous la charmille, statuette soutenant un vase, de chaque côté, l'encrier et la boîte à poudre en Saxe avec fleurs en relief.

800

103 — CHARMANTE PETITE PENDULE et ses deux bougeoirs, pièces anciennes en bronze doré avec terrasses et arbustes ornés de fleurs en porcelaine de Saxe; au bas des bougeoirs sont deux bustes; au bas de la pendule, enfant près d'une cage dans laquelle est un oiseau.

104 — LUSTRE EN BRONZE avec feuillages et fleurs variées, en porcelaine de Saxe. Douze lumières.

105 — DEUX CANDÉLABRES appliqués, même genre que le précédent lustre, en bronze et fleurs de Saxe. Quatre lumières!

106 — QUATRE PETITS VASES en porcelaine de Chantilly, avec arbustes en bronze doré et fleurs en Saxe.   *72*

107 — DEUX PETITS CANDÉLABRES à deux lumières, en bronze rocaille doré, terrasses sur lesquelles sont un lion et une lionne en porcelaine de Saxe.   *230*

108 — PETIT BOUGEOIR en laque, avec arbustes en bronze doré, fleurs et statuette en Saxe.   *305*

109 — DEUX PETITS BRULE-PARFUMS, même genre.   *45*

PORCELAINES DIVERSES

110 — Sucrier en porcelaine de Sèvres, pâte tendre ; forme dite à bateau, avec socle attenant, décor de frises violettes et de médaillons.

111 — Charmant vase en ancien Wedg wood, ornements blancs en relief, anses à jour formées par des cygnes.

112 — Vase en porcelaine de la Chine, fond bleu turquoise, avec ornements en relief, sous émail, orné de trois ceintures de frises à palmettes et de grecques, anses à têtes de tigre.

113 — Brule-parfums en porcelaine de Chine, fond bleu turquoise ; la panse, avec ornements gravés en relief émail, représentant des dragons dans des nuages ; pieds à trompes d'éléphant, anses élevées à S.

114 — Deux coupes en porcelaine de Chine, montures en bronze doré.

115 — Deux vases en céladon, montures en bronze doré.   *110*

115 *bis* — Sous ce numéro les porcelaines non catalo-
guées.   *1945*

OBJETS DIVERS

116 — Vase ovoïde en jade blanc, orné de deux frises   *275*
sculptées en relief, l'une de fleurs, l'autre d'enroule-
ments et d'emblèmes ; anneaux mobiles pris dans la
masse soutenus par des anses à jour.

117 — Quantité de petits objets de montre seront vendus
sous ce numéro.

FAIENCES

118 — Deux grands et beaux vases à couvercles, en an-   *320*
cienne faïence de Castilli, décorés de paysages avec
sujets mythologiques.

119 — Plat en faïence italienne de Castilli, orné d'un sujet et d'une frise à rinceaux.

120 — Autre plat, fabrique de Savone, avec bordure brune gaufrée.

121 — Garniture de trois pièces, une potiche et deux cornets en ancienne faïence de Delft, décor bleu à fleurs.

122 — Coupe en ancienne faïence d'Urbino.

MEUBLES D'ART

123 — Magnifique meuble à hauteur d'appui, en ébène, orné de trois panneaux en ancienne laque de la Chine noir avec paysages or ; cette pièce est décorée d'ornements en bronze doré très-finement ciselées. frises, pendentifs, fleurs, appliques feuilles-d'eau et haies-de-cœur ; aux coins sont des colonnes à jour également en bronze doré. Pièce hors ligne.

124 — Charmant meuble Henri II, dit meuble Jean Goujon, en chêne sculpté ; le bas avec quatre colonnes à jour alternées d'écussons avec Naïades ; le haut avec deux panneaux à figures mythologiques, ornements, mascarons et plaque de marbre incrusté.

125 — Meuble vitrine, à hauteur d'appui, en bois d'ébène et Galuchat ; ornements en bronze doré.

126 — Meuble de l'époque de Louis XIII, en ébène et écaille, orné de colonnettes et de pilastres cannelés, et de peintures sur verre imitant des pierres précieuses ; le bas à jour avec six colonnes ; ce meuble est surmonté d'une pendule.

127 — Crédence renaissance en chêne sculpté, les panneaux décorés de sphinx et de feuillages, les pilastres avec mascarons.

128 — Cabinet en laque noir de la Chine, charnières en bronze gravé et doré.

129 — Petit meuble Louis XIII, dit cabinet, en ébène incrusté d'ornements en ivoire ; le vantail, en se rabattant, laisse voir des tiroirs.

130 — AUTRE MEUBLE, même genre que le précédent, mais plus petit.

131 — AUTRE MEUBLE à peu près semblable au précédent.

132 — PETIT MEUBLE d'entre-deux, en ébène, avec tiroirs encadrés de moulures guillochées.

133 — AUTRE MEUBLE d'entre-deux, richement marqueté de bois.

134 — SIX GIRANDOLES appliques en verre de Venise, ornées de fleurs en relief et de figures gravées sous étain.

135 — DEUX CONSOLES en bois noir avec parties sculptées et dorées, les dessus avec panneaux en marqueterie de différents marbres, travail italien.

136 — DEUX TABOURETS; les bois sculptés et dorés, même genre que les précédentes consoles.

137 — SECRÉTAIRE très-richement marqueté de bois, au centre du grand panneau est un médaillon représentant un cavalier entouré de rinceaux, en bas un trophée d'instruments de musique; sur les montants et sur la partie plate du haut, des maisons et vues de villes; marbre en jaune de Sienne.

138 — Commode très-richement marquetée; même genre
de travail que le secrétaire précédent.

139 — Deux supports en bois sculpté et doré, enfants sup-
portant les tablettes.

140 — Une vitrine style de Louis XVI, en bois noir orné
de bandes et filets en cuivre.

141 — Autre vitrine semblable à la précédente.

142 — Étagère à cinq plaques en glace, pour mettre des
statuettes; glaces soutenues par des colonnes en
cristal.

143 — Autre étagère pour statuettes, les plaques soute-
nues par des colonnettes en porcelaine.

144 — Table genre Louis XIII, très-richement marquetée
de bois.

145 — Pendule à S en vernis Martin, ornements rocaille
en bronze doré.

146 — D**eux torchères** en bois sculpté, doré et peint, représentant des femmes debout sur des socles.

147 — D**eux glaces** appliques à une lumière, cadres en bois sculpté et doré.

148 — B**el écran** en bois sculpté et doré, avec peinture à l'huile représentant un concert, sujet traité dans la manière de Raoux.

149 — M**euble** dit cabinet en laque noire de la Chine avec paysages or, les appliques et charnières en cuivre gravé et doré ; le bas avec colonnes torses à jour.

150 — T**rès-belle armoire** en laque noire avec paysages or et bouquets de fleurs en nacre incrustée.

150 *bis.* — P**orte-montre** rocaille en bois sculpté et doré.

151 — D**eux lustres** hollandais.

152 — P**aravent chinois** en bambou, panneaux brodés en soie de la Chine.

153 — J**eu de trictrac** de l'époque de Louis XIV, avec pions représentant divers sujets.

TAPISSERIES

Quatre très - belles Tapisseries des Gobelins représentant des Sujets ayant trait à l'histoire de Télémaque.

154 — Combat de Télémaque contre un guerrier grec en présence de deux armées, Minerve dans les airs protége le héros.

Haut., 3 mèt. 20 ; larg., 6 mèt. 50.

155 — Vénus implore Neptune pour faire soulever la tempête qui doit faire échouer le vaisseau de Télémaque près de l'Ile de Calipso.

Haut., 3 mèt. 20 ; larg., 3 mèt. 70.

156 — Trois panneaux séparés représentant le Festin offert par Calipso à Télémaque et à Mentor.

Haut., 3 mèt. 20 ; larg. de deux, 1 mèt. 35.
Largeur du 3e panneau, 1 mèt. 45.

157 — Minerve, quittant la figure de Mentor, s'élève dans les airs, laissant Télémaque agenouillé sur le rivage.

Haut., 3 mèt. 20 ; largeur, 4 mèt. 60.

MEUBLES MEUBLANTS

1600

158 — MEUBLE de salon, composé d'un canapé, six fauteuils et huit chaises, bois sculpté blanc et doré, couvert en tapisserie d'Aubusson à bouquets de fleurs.

860

159 — AUTRE MEUBLE de salon, composé d'un canapé d'angle et de quatre fauteuils, couverts en satin bleu broché à bouquets de fleurs.

65

160 — PETIT TABOURET en bois tourné et doré, couvert en tapisserie à la main.

225

161 — DEUX CHAISES en bois tourné et doré, couvertes en tapisserie.

162 — UN POUFF même genre, couvert en tapisserie à la main.

163 — Quatre chaises en bois sculpté blanc et or, garnies
d'étoffes en soie de tons divers.   200

164 — Deux petits tabourets en bois sculpté et doré, cou-
verts en tapisseries à la main.   115

165 — Six rideaux de croisées en tapisserie d'Aubusson.   1165

166 — Sous ce numéro les objets ornés.   4457

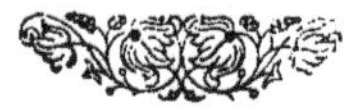